AF337452

NOTICE

SUR LA VIE

DE

M. L'ABBÉ BOBÉE

Décédé le 6 Mars 1866

CURÉ D'YVETOT

CHANOINE HONORAIRE DE L'ÉGLISE MÉTROPOLITAINE

CHEVALIER DE LA LÉGION D'HONNEUR

Par M. l'Abbé DURIER

ROUEN

FLEURY, LIBRAIRE

DE S. ÉM. MONSEIGNEUR LE CARDINAL—ARCHEVÊQUE

Place de l'Hôtel-de-Ville, 23, près de Saint-Ouen

1867

NOTICE

SUR LA VIE

DE

M. L'ABBÉ BOBÉE

CURÉ D'YVETOT.

NOTICE

SUR LA VIE

DE

M. L'ABBÉ BOBÉE

Décédé le 6 Mars 1866

CURÉ D'YVETOT

CHANOINE HONORAIRE DE L'ÉGLISE MÉTROPOLITAINE

CHEVALIER DE LA LÉGION D'HONNEUR

Par M. l'Abbé DURIER

ROUEN

FLEURY, LIBRAIRE

DE S. ÉM. MONSEIGNEUR LE CARDINAL-ARCHEVÊQUE

Place de l'Hôtel-de-Ville, 23, près de Saint-Ouen

1867

AVANT-PROPOS.

On reprochera peut-être à cette Notice d'être tardive; l'excuse est facile.

Il y a des hommes sur lesquels il faut s'empresser d'écrire, lorsqu'ils meurent, si l'on veut parler d'eux avant qu'ils soient oubliés : ils perdraient tous les jours à attendre. Ce sont ceux dont le passage a été à peine marqué, et qui se survivent peu à eux-mêmes. M. le curé d'Yvetot n'était pas de ces hommes; les souvenirs qu'il a laissés étaient assez durables pour résister à quelques mois de silence, et il n'est pas encore hors de propos d'écrire sur sa vie.

Il est vrai de dire néanmoins que la biographie de M. Bobée, publiée au lendemain de sa mort et satisfaisant aux premières impatiences, eût semblé meilleure ; mais alors nous n'avions qu'à nous taire et à attendre : ce pieux devoir appartenait à l'amitié et au talent, et nous espérions qu'une plume plus autorisée répondrait à l'attente commune.

Nous ne renonçons pas à nos espérances; mais à défaut de cette biographie, que tout eût concouru à rendre intéressante, nous avons été instamment prié de faire une courte notice à insérer dans l'*Almanach liturgique du Diocèse.* Cette tâche était modeste, nous avons pu l'accepter; d'ailleurs, elle nous était douce, puisque nous avons grandi sous le regard de celui à qui nous offrons cet hommage de piété filiale.

Seulement, le sujet s'est étendu insensiblement, et le travail a dépassé les limites indiquées. On a pensé qu'il serait agréable à plusieurs, et peut-être plus digne du vénéré défunt, de le publier séparément en brochure. Nous nous sommes rendu simplement à cet avis, en pensant que nous serions excusé de toute prétention, à cause des circonstances.

J. D.

Ce 29 octobre 1866,
Fête de tous les saints Pontifes de Rouen.

NOTICE

SUR

M. L'ABBÉ BOBÉE,

CURÉ D'YVETOT.

Quand on considère tout le bien que font autour d'eux certains hommes exceptionnels qui personnifient sur la terre le dévouement, on se prend à penser que de tels hommes ne devraient pas mourir.

Mais il y aurait égoïsme à le vouloir ; et si la terre les retient pour l'œuvre qu'ils accomplissent, le ciel les redemande pour leur repos, et c'est justice qu'ils reçoivent enfin l'éternelle récompense de leurs mérites.

C'est ainsi que nous avons vu naguère

entrer dans la joie de son Seigneur *un serviteur bon et fidèle*, M. Bobée, curé d'Yvetot,
après une vie saintement remplie.

CHAPITRE Ier.

SON ENFANCE.

François-Augustin Bobée naquit à Mélamare, canton de Lillebonne, le 4 brumaire
an V de la République, ou, pour parler une
langue vivante et plus connue, le 25 octobre 1796. Le Directoire venait de raviver
les mesures de persécution et les violences
décrétées aux plus mauvais jours de la Ré-
volution contre le clergé catholique ; les
églises étaient généralement tenues fermées,
et les sacrements s'administraient encore à
huis clos, au milieu du silence des nuits ,

1.

dans une chambre écartée ou dans une grange. Il paraît cependant que la contrée avoisinant Mélamare jouissait d'une tranquillité relative et n'était pas trop hantée par les limiers des clubs et les traqueurs de prêtres ; car le nouveau-né put encore être baptisé, trois jours après sa naissance, dans l'église de Saint-Romain-de-Colbosc , par M. Hanin, y faisant, malgré les temps, les fonctions de vicaire.

C'était M. Lefauvre, prêtre caché, mais exerçant en vertu de pouvoirs reçus de M. Papillault, vicaire général de Mgr de La Rochefoucauld, qui avait marié ses parents, le 14 février 1795, dans une chambre à Mélamare, paroisse de Marie-Françoise Champion , sa mère.

Son père, François-Pierre Bobée, était de Saint-Nicolas-de-la-Taille , et à l'occasion de son mariage, il avait quitté le toit paternel pour venir habiter Mélamare ; mais ce séjour n'avait pas été de longue durée, puisque quelques années après il se trouvait établi à Saint-Nicolas sur une petite ferme lui appartenant, au hameau de la Chaussée,

près la grande route de Lillebonne à Saint-
Romain. Mais soit insuffisance des revenus
de sa terre, soit amour et habitude du travail ou prévoyance paternelle, M. Bobée
joignait à la culture des champs les occupa-
tions d'un art mécanique; il était potier; et
le petit François, grandissant en âge, commença à se rendre utile dans la maison, comme
Notre-Seigneur sous l'humble toit de Naza-
reth, en travaillant au métier de son père.
Circonstance que son humilité se plaisait à
rappeler quelquefois, pour distraire l'attention, au milieu des honneurs que lui valaient
sa position et son mérite : « Qui dirait que le
curé d'Yvetot a tourné la roue et manié
l'argile? »

Ces petits travaux domestiques ne l'em-
pêchaient pas néanmoins de fréquenter l'é-
cole, où il se distinguait parmi les autres
enfants du village, moins encore par son
application et une assiduité rare que par
l'aménité de son caractère, la régularité de
sa conduite, et ce reflet d'angélique inno-
cence qui trahissait la pureté de son cœur et
justifiait les plus saintes espérances. Il était

d'une humeur douce et égale ; ses petits cama-
rades aimaient à jouer avec lui et préféraient
sa compagnie, parce qu'il ne mêlait à leurs
amusements ni contestations ni querelles.
Sans volonté avec sa mère, il obéissait
promptement, simplement au moindre signe,
et elle a pu dire de lui qu'il ne lui avait
jamais causé volontairement ni une impa-
tience, ni une larme. Qu'elles sont heureuses
et favorisées, les mères qui ont de tels enfants ! Qu'ils sont aimables, les enfants qui
méritent un tel témoignage ! La bénédiction
du ciel est sur eux.

Sa piété, déjà sérieuse, se fortifia encore
dans les préparations et les joies de la première communion. Rien n'était édifiant
comme de le voir, nouveau Samuel, dans
son aube blanche, servant la messe avec
une gravité qui n'était pas de son âge, et
priant avec une modestie qui n'avait rien de
la terre. Son plus grand plaisir était d'aller
à l'église ; il n'y était jamais trop tôt ni trop
longtemps, sachant d'ailleurs s'y occuper
convenablement ; il connaissait très-bien son
livre et y suivait seul les divers offices,

toujours attentif et chantant les psaumes de tout son cœur et de toute sa voix, avec un goût qui dénotait déjà ses aptitudes naturelles et présageait l'avenir. Il ne s'en fatiguait jamais. Était-il de retour à la maison ? sa récréation favorite était de répéter, en les imitant de son mieux, les cérémonies qu'il avait vues ; et si l'obéissance le forçait d'interrompre ses exercices, elle ne l'obligeait pas au silence, et il se dédommageait en chantant pendant le travail les hymnes du temps ou des cantiques. En lui voyant des mœurs si douces et des dispositions si particulières à la piété, chacun se demandait ce que deviendrait cet enfant, qui avait la main de Dieu avec lui. « Bien sûr le petit François sera curé. » C'était la voix du peuple, ce fut aussi la voix de Dieu.

En effet, le jeune Bobée quitta bientôt les petites écoles pour faire ses études. Son premier maître fut un confesseur de la foi, le curé même de sa paroisse, le vénérable M. Lefebvre. A propos de la loi du 8 août 1792 et de la constitution civile du clergé, étant déjà à Saint-Nicolas, il avait refusé le serment et s'était réfugié en Angleterre ; mais il n'y était pas resté quatre mois ; son cœur souffrait trop à la pensée des besoins de son troupeau délaissé, et il était revenu, malgré les périls de son retour, dans sa paroisse même, où il exerça en cachette pendant tout le temps que dura la tourmente révolutionnaire. Il aimait particulièrement le jeune François pour avoir apprécié son heureux caractère et sa piété précoce. Affection d'autant plus utile à l'intéressant enfant, que Dieu venait de le rendre orphelin, en lui retirant son père. M. Bobée était mort, laissant deux garçons seulement, dont l'aîné était François-Augustin, et le plus jeune Frédéric, qui mourut à dix-huit ans, sans avoir été remarquable.

Le digne curé n'en fut que plus dévoué ; il tint la place de l'absent par ses sollicitudes vraiment paternelles ; il se fit jeune pour lui enseigner les éléments de la langue latine, et l'élève reconnaissant, toujours appliqué, toujours docile, devait, *comme l'arbre planté près du courant des eaux, donner des fruits en son temps.*

CHAPITRE II.

LE SÉMINAIRE.

Le 17 octobre 1817, à vingt et un ans, ses humanités étant finies, il entrait en philosophie, au grand séminaire.

C'est là qu'il commença à se révéler, tel qu'on devait le connaître et l'aimer plus tard, avec les qualités sérieuses et solides qui font les bons administrateurs et les hommes utiles. Il n'avait pas de grands moyens, mais il était doué d'un bon jugement, d'un sens droit, aimait le travail, et, sans être un sujet remarquable, il était bon élève : preuve nouvelle que l'esprit sert moins que le bon sens, qu'une application soutenue supplée aux facilités naturelles, et que, pour faire du bien dans le ministère des âmes, la piété unie au travail est préférable aux qualités brillantes.

Si l'on admet, avec saint Augustin, que « le vrai philosophe est celui qui aime Dieu, » qui pouvait réussir mieux que notre pieux étudiant dans l'art d'arriver au vrai, lorsqu'on pense que « l'honnêteté du cœur rapproche de Dieu » et qu'il y a un degré d'intelligence qu'on ne doit qu'à la pureté de l'âme ?

C'est à cette source qu'il puisa cette sûreté de jugement, cette justesse d'appréciation qui firent de lui, par excellence, un homme de bon conseil, parce que c'était « en Dieu qu'il voyait les choses, et il les voyait bien plus clairement que s'il les eût vues en elles-mêmes. »

Aussi ses condisciples aimaient sa conversation, où ils trouvaient toujours à gagner, et recherchaient sa compagnie; ils ne l'appelaient que le bon Bobée. Les plus anciens

même avaient pour ses avis une telle défé-
rence, et de sa vertu une telle opinion, qu'ils
acceptaient ses observations toujours frater-
nelles avec reconnaissance et profit ; et l'un
d'eux nous a confié qu'ayant alors le mauvais goût, commun à plusieurs personnes,
de pencher la tête, en priant, sur l'une ou
l'autre épaule, il s'était corrigé de ce travers sur une remarque tout affectueuse de
M. Bobée. Avec eux, il était complaisant,
charmant, aimé de tous, ne contrariant, ne
blessant jamais personne ; avec ses maîtres,
respectueux avec aisance, d'une docilité parfaite ; fidèle à la règle comme à la grâce, et
donnant toujours l'exemple du bon esprit et
de l'exactitude aux exercices.

Doué d'une voix remarquable par la force
et la sonorité du timbre, il fut nommé grand
chantre, et s'acquitta de ces fonctions avec
autant de foi que de bon goût ; quand il
chantait à la cathédrale, Monseigneur l'Archevêque ne pouvait cacher le plaisir qu'il
avait à l'entendre ; sa voix, aidée par l'am-
pleur de l'édifice, y déployait sans effort ni
affectation toutes ses ressources, et soutenait

sans trace apparente de fatigue les plus longs offices. Un jour de Rameaux, il chanta la Passion au jubé avec tant de sentiment et de puissance, que tout le monde en fut ravi et qu'il fut question, au conseil archiépiscopal, de l'attacher à la maîtrise. Remercions Dieu de ce que ce projet n'ait pas eu de suite. Et cependant ces succès, avoués de tous ses condisciples, n'excitaient chez eux aucune jalousie, ni chez lui aucun sentiment d'amour-propre.

C'est ainsi qu'éloigné de toute singularité, et pratiquant une piété simple et franche qui coulait naturellement de son cœur, comme l'eau de sa source, le pieux séminariste préparait le saint prêtre, qui devait rester toujours, dans le monde comme au séminaire, « agréable à Dieu et aux hommes. »

Quand il fut parti, M. Holley, le supérieur, fit publiquement son éloge : exception significative dans la bouche d'un homme connu pour sa prudence, et qui n'était pas prodigue de compliments. Les faits se chargèrent de justifier cette exception et de répondre à toutes les espérances.

Comment exprimer au milieu de quelles joies le nouveau prêtre chanta sa première messe? A quoi, pour les faire comprendre des fidèles, comparer de tels bonheurs , puisque rien de ce qu'ils ont éprouvé n'en approche? Il est reçu de dire , et avec raison , que le jour de la première communion est le plus beau jour de la vie; mais pour le prêtre, il y a un jour plus beau encore, une fête plus douce : c'est celle où pour la première fois il prononce sur le pain les paroles sacrées, et fait descendre Jésus-Christ sur l'autel du sacrifice; c'est le jour où pour la première fois il chante les prières publiques, et lève sa main nouvellement consacrée pour bénir le peuple. Quelles couleurs pourraient peindre les émotions de respect, de joie, d'amour, dont le cœur est remué, et ce je ne sais quoi d'indéfinissable et de divin qui remplit l'âme.... surtout lorsque le nouveau sacrificateur a la foi et la piété qui animaient M. Bobée? Longtemps avant l'heure, il était à l'église, absorbé dans la prière, s'enflammant des plus saints désirs, et dirigeant devant Dieu ses intentions.

Lorsque commença la cérémonie, tous les paroissiens étaient là. Ils l'avaient vu grandir ; ils l'avaient suivi pas à pas ; ils avaient encouragé ses efforts de leurs vœux ; ils avaient constaté chaque année ses progrès dans la vertu et dans la science ; il était devenu, pour ainsi dire, l'enfant de tous, parce que tous s'étaient intéressés à ses études, comme ils s'étaient édifiés de sa conduite ; et lorsqu'ils virent monter au plus haut degré de l'autel, pour chanter la messe, celui qu'ils avaient vu enfant, agenouillé modestement pour la répondre, et qu'ils entendirent sa voix, ce jour-là plus vibrante, plus belle que jamais, encore qu'elle fût un peu émue, ils ne purent retenir leurs larmes, et, en les unissant avec leurs joies à celles de son heureuse mère, ils donnèrent la preuve que la cérémonie de sa première messe était pour la paroisse une vraie fête de famille.

Pour lui rien n'égalait son bonheur et les émotions de son âme. Après la messe, les expressions manquaient à sa reconnaissance, et ses yeux parlaient pour sa bouche ; son action de grâces se fit en pleurs, et il y fût resté, oublieux de ses besoins et de ses fatigues, jusqu'aux vêpres peut-être, si un ami vigilant ne l'eût averti qu'il était attendu pour le repas de la fête. C'était le faire descendre du ciel sur la terre; il n'avait pas faim, et, plein de sa joie, il semblait ne désirer, n'attendre aucune autre nourriture. Cette cérémonie produisit sur ceux qui y assistèrent des impressions que le temps n'a point effacées, et dont, au besoin, un de ses compagnons de première communion, qui portait chape à cette première messe, pourrait rendre témoignage. C'était le jeudi du saint Sacrement, le 21 juin 1821, M. Viriou étant curé.

Un témoin manquait donc à la fête. Le vénérable M. Lefebvre était mort quinze mois auparavant, sans avoir eu la consolation d'accompagner à l'autel, et de voir à l'œuvre dans le ministère, celui dont il avait dirigé les jeunes années et protégé la vocation, Dieu l'ayant appelé à un repos bien mérité et jugé digne de jouissances meilleures.

Encore ardent de bonheur et le cœur en-

flammé, il se rendit à Saint-Maurice-d'Éte-
lan, son premier poste. Désigné d'abord
pour la succursale de Pierrecourt, dans le
pays de Bray, il avait fait timidement obser-
ver à M. Holley qu'il avait avec lui sa vieille
mère, à qui il serait pénible, vu son âge et
ses habitudes, d'aller au bout du diocèse.
Son observation avait été trouvée juste ;
mais à peine dans le corridor, il avait été pris
d'un scrupule, et, rentrant immédiatement :
« Monsieur le supérieur, dit-il, j'ai obéi à
une considération tout humaine ; j'ai eu
tort, et je vous supplie de n'y avoir aucun
égard. » Il fut néanmoins nommé ailleurs,
vicaire de Caudebec, en remplacement de
M. Mainot, désigné pour la succursale de
Saint-Maurice ; mais M. Mainot ayant été
maintenu à son poste sur sa prière, M. Bobée
fut nommé à sa place, à Saint-Maurice.

CHAPITRE III.

SAINT-MAURICE.

On le vit bientôt à l'œuvre avec toute la
générosité de son zèle et toute l'ardeur de sa
sainte jeunesse. Son premier soin fut de
restaurer l'église; plus curieux de la maison
de Dieu que de la sienne, il ne dormit tranquille dans son modeste presbytère qu'après
avoir pourvu autant à l'ameublement qu'à la
décoration du saint temple, et relevé ces
embellissements par une exécution soignée
du chant, la décence des cérémonies; car il
regardait, avec raison, l'affluence des fidèles
comme la plus belle parure d'une église, et

il savait que rien n'attire mieux le peuple que le charme des offices bien faits et le spectacle des pompes religieuses. Aussi fallait-il voir les paroissiens de Saint-Maurice s'extasier sur les qualités de leur curé, qui n'avait pas son pareil pour prêcher et pour chanter surtout : qualité particulièrement appréciée à la campagne. « Vous n'aurez jamais un curé comme le nôtre, » disaient-ils, en faisant les fiers, aux habitants des paroisses voisines. Admiration et louanges bien fondées, qui préparaient des déceptions et des larmes pour le jour où l'on apprit que le zélé pasteur venait d'être nommé, le 22 juin 1827, curé de la Remuée.

M. Bobée quitta Saint-Maurice, mais il y laissa ce qu'il ne pouvait emporter avec lui, les plus saints souvenirs. Les premières affections sont les plus durables, les prémices du ministère ont cet avantage ; et si la mémoire du digne curé a été, jusqu'à sa mort, en vénération à Saint-Maurice, on doit dire aussi que la paroisse arrosée de ses premières sueurs a conservé, à travers tous les changements, ses souvenirs de prédilection.

CHAPITRE IV.

LA REMUÉE.

A son arrivée à la Remuée, M. le curé trouva la paroisse un peu en désarroi. Son prédécesseur avait été malheureux et avait rendu sa succession difficile. Mais M. Bobée était connu très-avantageusement dans le pays, et sa prudence, jointe à la douceur de son caractère, conduisit bientôt à bonne fin l'œuvre de pacification qui avait été sa première sollicitude.

La voie était ouverte et débarrassée des grands obstacles, il n'y avait plus qu'à avan-

cer et à tirer parti des circonstances. C'est
ce qu'il fit pour le succès d'une entreprise
qu'il avait à cœur avant toute chose : l'éta-
blissement d'une école de filles. A cette
époque, la séparation des classes était encore assez rare, et la Remuée n'était pas plus
avancée que les moindres communes ; les
petits garçons et les petites filles, réunis
dans la même salle d'étude, recevaient les
leçons du même maître et restaient exposés
à tous les inconvénients connus des écoles
mixtes. On comprend bien que les paroisses
fort pauvres ou d'une population restreinte
soient condamnées, par le défaut de ressources, à subir ces fâcheuses nécessités ;
mais ceux-là seuls qui ont charge d'âmes
savent quels graves dommages entraîne pour
le présent, malgré la plus active surveil-
lance, l'instruction en commun des enfants
de différent sexe, quels périls elle prépare
pour la suite, et quels tourments assiégent
l'esprit des pasteurs et le cœur des mères
chrétiennes. M. Bobée n'aurait pas supporté
longtemps cette souffrance, et, pour sous-
traire ses chers enfants aux dangers parti-

culiers dont il avait l'expérience, il n'eût
reculé devant aucune privation personnelle,
devant aucun sacrifice. Heureusement il y
avait dans la paroisse les éléments néces-
saires, et il n'eut besoin que de faire à propos quelques démarches et quelques avances.
Bientôt une maison d'école pour les filles fut
bâtie, disposée à l'usage d'une sœur, pour-
vue de meubles, et la communauté nais-
sante de Saint-Aubin fournit la première
maîtresse. Le jour de son installation et de
l'ouverture des classes fut un jour de fête
non-seulement pour les enfants, mais encore
pour les parents, désormais plus tranquilles,
et surtout pour l'heureux curé, dont le nom
était déjà dans tous les cœurs et l'éloge dans
toutes les bouches.

C'est alors que, pour tourner au bien
spirituel de sa paroisse les sentiments d'admiration et de reconnaissance dont il était
l'objet, il fit donner par M. l'abbé Lelong une
grande mission. Commencée le 6 janvier,
elle se termina le 2 février avec grande
cérémonie. Malgré les rigueurs de l'hiver
et l'éloignement de l'église, l'affluence fut

chaque soir considérable, et les saints tribunaux assiégés. A qui devait-on ce succès? Sans doute en partie au talent du missionnaire, mais surtout au zèle du digne pasteur, qui se multipliait pour ramener au bercail les brebis égarées, joignant à de ferventes prières d'austères pénitences et des mortifications privées. Qui donc l'a su? Un enfant, à qui il donnait alors des leçons de latin au presbytère, vit bien — que ne voient pas les enfants, surtout quand ils regardent? — que le saint curé jeûnait tous les vendredis et se confessait tous les huit jours. C'est de cet écolier, pieusement indiscret, et devenu plus tard son collaborateur, que nous tenons cette confidence.

Quoi qu'il en soit, c'est de cette époque qu'il faut dater ces manifestations qui firent de la Remuée une paroisse modèle : la dévotion envers le Sacré Cœur de Jésus, la dévotion envers la très-sainte Vierge, et ces communions fréquentes qui devenaient aux grandes solennités de l'année un des plus touchants spectacles, lorsqu'on voyait le pieux pasteur, tout rayonnant du bonheur

des autres, descendre, après la messe, au milieu de la nef, et, simplement agenouillé
sur le pavé nu du saint temple, faire, à haute
voix, au nom de tous les communiants,
l'action de grâces. C'était là une de ses industries accoutumées, pour exciter la piété
et gagner les cœurs au Dieu de l'Eucharistie.
Il n'avait pas négligé d'ailleurs son moyen
ordinaire pour faire aimer les offices, qui
était d'en rehausser la pompe par l'éclat et
la parfaite exécution des cérémonies, de sorte
qu'il n'était question partout que des belles
fêtes de la Remuée.

Et pourtant l'église, trop petite et toute
délabrée, ne se prêtait guère à ces belles
démonstrations du culte. Il se mit inconti-
nent à l'œuvre, obtint de sa fabrique une
somme de 2,500 fr., et construisit dans le
style grec un chœur, un transept, deux
chapelles, une travée et une sacristie : c'était
chose énorme pour ces temps-là. Il est vrai
que ce n'était pas du meilleur goût, mais
c'était celui de l'époque ; lui-même plaisan-
tait agréablement plus tard de ses premiers
essais en architecture religieuse, et avouait

« qu'il ne fallait pas aller, pour trouver un modèle, le chercher à la Remuée. » Ces divers travaux s'élevèrent officiellement à 10,483 fr., dont il répondit pour la tranquillité des honorables fabriciens ; mais tout porte à croire que la somme qui figure au registre des délibérations fut grandement dépassée et payée de sa bourse. Et tout en s'occupant de constructions matérielles, le saint curé ne cessait pas de former ou de réédifier le temple spirituel dans les âmes, bénissant ou revalidant des mariages illicites ou nuls, faisant cesser les unions scandaleuses, et distribuant des secours réguliers et extraordinaires aux nécessiteux de la paroisse.

Le cher pasteur ! il ne se doutait pas, en travaillant ainsi, depuis trois ans, à la sanctification des siens, qu'il travaillait à son départ. Tant de zèle l'avait désigné à l'autorité, et la cure de Saint-Romain étant devenue vacante, le 20 juillet 1831, par le départ du titulaire, on y nomma M. Bobée. Déjà il avait été question de lui pour un poste de confiance, celui de premier vicaire d'Yvetot ; mais c'était à la suite de la mission ; il avait fait comprendre « que ce serait en compromettre les fruits que de le retirer si vite, que les paroissiens ne voyaient encore que l'homme, et qu'il avait besoin d'un peu de temps pour compléter l'œuvre commencée et se rendre inutile. » Alors, il avait gagné sa cause, qui était celle de la paroisse ; mais il ne devait pas éviter Yvetot, où nous le reverrons bientôt paraître, seulement à un autre titre qui sera sa gloire.

Son départ de la Remuée fut un véritable deuil public ; mais, grâce à ses efforts, la foi était alors devenue si grande, que les habitants, instruits à bonne école, reçurent son successeur comme l'envoyé de Dieu, et lui continuèrent, proportion gardée, les mêmes respects et une égale confiance.

CHAPITRE V.

SAINT-ROMAIN.

Plusieurs circonstances se réunissaient
pour empêcher le complet succès de
M. Bobée à son nouveau poste.

D'abord il succédait à un curé très-aimé,
très-apprécié, à M. Leclerc, homme d'un
grand mérite, qui fut plus tard curé de Notre-
Dame du Havre. Ensuite, les temps étaient
difficiles; on était au lendemain de 1830,
et l'accueil fait à M. Bobée fut convenable,
mais officiel et sans enthousiasme.

Mais, d'une part, le nouveau curé eut bientôt conquis, par sa douceur et sa bonté, l'estime accordée auparavant à la science, et de l'autre, il sut mettre, dans son administration et dans ses rapports avec les autorités civiles, tant de tact, tant de prudence, et, sans manquer à la dignité et au devoir, tant de condescendance et de bonne grâce, qu'il se concilia l'estime même des plus hostiles et put exercer son ministère avec liberté et grand profit pour les âmes. Pour devenir populaire, il n'avait besoin que d'une occasion ; elle se présenta.

C'était en 1832. Le choléra visita Saint-Romain et fit des victimes. Tout le pays fut en émoi ; le curé se multiplia, offrit son presbytère pour y soigner les cholériques ; la confiance, l'admiration, l'affection étaient gagnées ; M. Bobée n'avait plus désormais qu'à tirer parti de cette influence, lorsqu'en octobre, il reçut avis qu'il était nommé curé d'Yvetot. Grande émotion dans la paroisse ; mêmes regrets dans le doyenné, parmi les prêtres qui le regardaient, non comme leur doyen, mais comme leur père ; mais rien ne

surpassait la surprise produite par cette nomination au presbytère même.

M. le curé écrivit aussitôt pour décliner
l'honneur d'un poste si important, prétextant
son incapacité, sa jeunesse, son inexpé-
rience ; mais ses excuses heureusement ne
furent pas admises, et la nomination fut main-
tenue. Nouveau refus de la part de l'humble
prêtre ; mais ses prières furent inutiles, et
pour couper court à ses saintes résistances,
l'autorité prit le bon moyen : elle le menaça
de la mesure la plus rigoureuse pour un
prêtre, elle le menaça, s'il n'acceptait, de
l'interdire.... Est-ce que cette défiance de
soi et cette frayeur sacerdotale des grands
emplois ne rappellent pas un peu les Ambroise,
les Grégoire, et tous ces saints des premiers
siècles à qui il fallait faire violence, pour
leur faire accepter les dignités de l'Église ?

M. Bobée, humilié de tant d'estime, s'in-
clina devant une volonté si nettement ex-
primée, et se résigna, dans l'espoir que Dieu
aurait égard à sa soumission et suppléerait
à ce qu'il appelait « son insuffisance. »

Quelques semaines après, quelqu'un qui

serait entré dans l'église d'Yvetot, vers le milieu de la soirée, aurait aperçu, sous la lampe du sanctuaire, un prêtre de trente-six ans, agenouillé sur les dalles, les bras croisés, la tête penchée, en prière... A voir son recueillement profond, son humble attitude, on l'eût pris pour une victime obéissante, vouée au sacrifice.

C'était M. Bobée, protestant à Dieu que, puisqu'il n'avait pas voulu éloigner de lui ce calice d'honneur, il acceptait de le boire et mettait d'abord à ses pieds sa volonté, son repos, sa vie.

Ce fut en effet sa première parole, le jour de son installation, dans la chaire qu'il devait rendre si éloquente, lorsque le vénérable M. Moutier, curé de Caudebec, en fut descendu, après avoir fait l'éloge du nouveau pasteur, et assuré « qu'on trouverait la prudence et la gravité du vieillard dans la vigueur et le zèle du jeune prêtre. »

L'église était pleine.

« Mes frères, s'écria-t-il de sa voix émue, le ciel m'envoie.... Ce n'est pas sans frayeur et sans hésitation que j'ai accepté un si grand honneur et une si lourde charge.... Mais, l'ayant reçue, Dieu aidant, je ne faillirai pas à ma tâche ; je serai toujours votre pasteur et votre père, toujours à vous, le jour, la nuit, dussé-je y consumer mes forces et y laisser ma vie.... »

Si on pense que cinq ou six prêtres étaient morts en quelques années, victimes de maladies épidémiques ou de fatigue, on verra que cette protestation n'était pas, dans sa bouche, un lieu commun, ni une formule ordinaire : Yvetot allait en faire, pendant plus d'un quart de siècle, l'heureuse expérience.

CHAPITRE VI.

YVETOT.

———

Ici notre tâche devient difficile, à force
d'être simple. Yvetot, c'est M. Bobée tout
entier, toute sa vie. Saint-Romain, la Remuée, Saint-Maurice, ne sont que des dates
presque effacées par trente-quatre années
d'un fécond ministère.

Et néanmoins, cette vie si pleine, si utile,
fut si égale et si peu variée, qu'elle serait
facilement renfermée en quelques pages ; à
part certains désagréments qui attendaient
le nouveau curé à son arrivée, et quelques

difficultés locales heureusement aplanies qui donnèrent, dès les commencements, la mesure de sa fermeté et de sa prudence, elle a été peu diversifiée ; tous les faits s'y ressemblent, se répètent, et, pour les compter tous, il suffirait d'en multiplier quelques-uns par autant de jours qu'il a vécu.... Les personnes qui aiment l'extraordinaire dans les saints et qui ne donnent leur admiration ou leur attention qu'aux grandes choses, sans prendre garde qu'il est plus rare et plus méritoire d'être longtemps fidèle dans les petites, seront peut-être étonnées qu'une réputation si grande se soit faite sur des vertus si modestes, et secrètement fâchées, pour la gloire du vénérable curé, de la simplicité de ses habitudes et du silence de ses œuvres ; mais que ceux qui aiment sa mémoire ne l'en plaignent pas ! Le bien ne fait pas de bruit, et l'uniformité, qui n'est redoutable qu'à l'amour-propre, est amie du bien et du silence. Cette uniformité, cette égalité dans le bien, est une difficile vertu, et le plus bel éloge d'un prêtre : M. Bobée l'a mérité, et nous n'avons, pour l'achever, qu'à généraliser des idées, et les faits nombreux qui ont rempli son existence.

—◦—

§ 1. SES RAPPORTS AVEC LES RICHES.

Tout à tous, voilà le mot qui résume son administration et son caractère. Il était exactement ce qu'il fallait avec tout le monde ; parfaitement bien, sous tous les gouvernements, avec les représentants du pouvoir civil, qui n'eurent jamais qu'à se louer et à le féliciter lui-même de ses procédés et de sa rare prudence ; les indifférents même l'aimaient, et les plus hostiles ne pouvaient lui refuser leur estime. Il s'asseyait quelquefois à la table des riches, à l'exemple et dans les sentiments du divin Sauveur des hommes, ne le faisant que dans l'intérêt des pauvres et de ses bonnes œuvres, ou en vue de leur âme, pour gagner ou entretenir leur confiance, pour les préparer doucement par ces témoignages d'estime à des visites plus utiles, et se ménager de faciles entrées au temps de la maladie.

Il est vrai que les bonnes intentions ne suffisent pas toujours pour réussir dans ces entreprises délicates du zèle, et qu'il y a danger de s'éloigner du but qu'on veut atteindre, si l'on doit perdre à se laisser voir de plus près aux gens du monde, dans l'intimité de la table, parce qu'alors le respect dû au prêtre, l'estime de son caractère et la confiance nécessaire à son ministère, diminuent à mesure que l'homme se montre et que ses imperfections naturelles s'accusent. Mais M. Bobée n'avait pas à redouter ces rencontres, et il ne pouvait que gagner dans l'opinion de ses hôtes, en même temps qu'il leur rendait sa société toujours profitable. Toujours un modèle d'esprit ecclésiastique, il était digne, irréprochable dans sa tenue et dans ses paroles, réservé, peut-être un peu timide, mais toujours sans faiblesse. Ajoutons qu'il ne restait jamais que le temps nécessaire.

C'était assez pour faire du bien et jeter dans les esprits une semence inaperçue, un germe de conversion, qui se développait ensuite silencieusement avec le temps et la grâce, et portait des fruits à son heure. Qui pourrait dire les retours consolants nés des impressions salutaires que sa présence avait produites? Que d'épouses chrétiennes doivent aux influences de sa charité toute condescendante la conversion d'une âme chère dont elles demandaient à Dieu le salut par tant de prières et tant de larmes! Que de filles et de sœurs heureuses le béniront dans le ciel, en y retrouvant, grâce à son zèle discret, leur père et leurs frères!

Parmi les hommes notables, il n'y en a pas eu, que nous sachions, qui n'aient été, sur leur lit de mort, sollicités à se réconcilier avec Dieu, par l'estime qu'ils avaient de sa personne, et n'aient accepté, à l'édification commune, les secours de son ministère. Plusieurs même lui ont donné la joie de ne pas attendre les avertissements de la maladie ou les approches immédiates de la mort pour revenir au Dieu de leur enfance, et leur conversion franche et publique, en pleine santé, en même temps qu'elle fait honneur à leurs propres sentiments et à leur caractère, restera un hommage rendu au zèle du bon pasteur, et une des plus douces consolations qu'il ait emportées de cette terre.

§ 2. AVEC LES PAUVRES.

N'avons-nous pas dit que M. Bobée allait chez les riches pour les pauvres?

Ah! les pauvres, comme il les chérissait! C'était sa vraie famille; tout ce qu'il avait était à eux; c'était une habitude de jeunesse; déjà à Saint-Maurice, aux débuts de son ministère, il avait plus d'une fois excité les plaintes de sa bonne vieille mère sur des libéralités qui lui semblaient à elle excessives, surtout lorsqu'il lui arrivait de constater dans ses armoires la disparition de linge, et même de vêtements à son usage; mais l'excellent fils trouvait toujours quelque bonne parole, avec un sourire, pour calmer les frayeurs de la chère économe.

Un jour, un pauvre se présente au presbytère et demande l'aumône ; mais la bonne mère ne trouve point le couteau qui lui semble nécessaire pour donner le morceau de pain ordinaire : pendant qu'elle va, vient, cherche, survient M. le curé, qui tranche la difficulté en soustrayant le pain et le donnant tout entier au pauvre homme. « Comme vous y allez, monsieur le curé! dit-elle. — Ma bonne mère, vous ne trouviez pas, j'ai été au plus court et au plus vite pour vous épargner la peine. » Depuis, la bonne mère eut toujours un couteau sous la main.

On aurait pu croire, à le voir donner des deux mains, toujours donner, qu'il avait un trésor inépuisable, ou qu'il était le caissier des indigents et leur économe ; c'étaient des processions matin et soir, à la sacristie ou au presbytère. Un étranger eût facilement trouvé sa demeure : c'était celle où il eût vu entrer, selon l'expression des Bollandistes, une affluence de pauvres, « comme un essaim d'abeilles autour d'une ruche. » Les estimations les plus modérées portent à 10,000 fr. le chiffre annuel de ses aumônes. Pour bien dire, ou ne le saura jamais, si ce n'est au jour du jugement pour sa gloire. Ce qu'on sait seulement, c'est qu'il était continuellement entouré de pauvres, dans une ville où ils ne sont pas rares, et qu'ils le quittaient toujours satisfaits ; il accompagnait son aumône de paroles si affables, qu'elle leur paraissait toujours double, ou son refus d'un air si bon, qu'ils croyaient encore avoir quelque chose. A l'égard de ceux dont l'âme était plus nécessiteuse et plus infirme que le corps, et qui avaient, à sa connaissance, abandonné les pratiques chrétiennes, il ne se contentait pas d'un secours matériel et d'une assistance passagère ; il les prenait à part, et avec une bonté qui excluait toute crainte, en quelques mots bien sentis qui allaient au cœur, il leur représentait « que leur condition était par leur fait deux fois malheureuse ; qu'ils avaient contre eux Dieu et la misère ; qu'il fallait être en état de grâce pour porter utilement le poids du jour ; que là joie d'une bonne conscience distrayait des privations et des souffrances ; et que pour s'assurer le repos du ciel et les compensations de la vie future, après les fatigues et les peines de l'heure présente, il fallait vivre en bons chrétiens et se préparer une mort précieuse. »

Ses paroles finissaient souvent par porter fruit, et alors sa joie d'avoir gagné une âme dominait tout et lui cachait pour quelque temps le bonheur qu'il éprouvait à faire l'aumône. Mais lorsqu'il ne réussissait pas dans ses tentatives d'apôtre et qu'il devinait des résistances obstinées, il savait attendre et ne cessait pas pour cela de les aider de ses conseils, devenus alors plus dévoués, et de sa bourse, se gardant bien d'exercer sur leur conscience une pression qui eût eu l'air d'une violence morale, dans la crainte d'obtenir de leur complaisance ou d'un calcul intéressé ce qu'il ne voulait, avec raison, ne devoir qu'à leur conviction et à la grâce.

A sa mort, on a trouvé dans ses papiers une vingtaine de quittances de loyers de l'année ; il ne les a pas abandonnés en les quittant, puisqu'il a laissé après lui, pour les visiter dans leurs maladies et desservir le bureau de bienfaisance, une maison de Sœurs de la Miséricorde.

§ 3. AU CONFESSIONNAL.

On peut conclure facilement, connaissant sa foi, que si M. Bobée était si compatissant pour les besoins du corps et les misères temporelles, il devait l'être, à plus forte raison, pour les nécessités d'un ordre supérieur et les besoins de l'âme ; et si l'affluence des pauvres indiquait son presbytère, la multitude des pénitents désignait son confessionnal.

Il y était constamment, il l'aimait, malgré la fatigue de longues séances ; dans le temps que son presbytère était éloigné de l'église, s'il ne pouvait marcher, dans ses douloureuses attaques de goutte, il s'y faisait transporter en voiture : c'était là surtout qu'il pratiquait à loisir sa chère devise : *Tout à tous*. « Sa charité donnait à tous également, mais sans appliquer le même remède : elle enfantait les uns, elle était infirme avec les autres ; il y en avait qu'elle avait soin d'édifier, d'autres qu'elle avait peur d'offenser ; elle se penchait vers ceux-ci, elle se redressait vers ceux-là ; tour à tour douce et sévère, jamais ennemie, toujours mère. »

Ah ! si toutes les personnes qui pleurent aujourd'hui leur père pouvaient parler ici, elles ajouteraient encore à ce témoignage et aux paroles de l'évêque d'Hippone, et diraient combien sa direction fut ferme, douce, intelligente, variée, et surtout consolante. Il avait un sens particulier pour sentir les douleurs d'autrui, et un don remarquable pour en adoucir l'amertume.

Il y avait entre autres une occasion à laquelle il ne manquait jamais, une circonstance grave qui inspirait son cœur et sa foi : c'était lorsque la mort avait fait un vide au foyer d'une famille ; il allait y faire une visite, mais avec une touchante délicatesse ; ce n'était ni trop tôt ni trop tard ; il avait un tact exquis pour choisir le moment juste ; ce moment de repos pour les yeux et pour le cœur, entre les douleurs du dernier adieu et les préparatifs des derniers devoirs, ce moment de silence dans les larmes, où la famille affligée est prête à toute bonne parole, et semble attendre l'ange de la consolation ; il arrivait : il ne s'asseyait que quelques minutes ; mais l'à-propos de sa visite, la gravité et la douceur de ses paroles, son maintien, sa condescendance laissaient après lui un parfum de résignation, de courage et de paix chrétienne, comme après le passage d'un saint....

Qu'il soit béni, le bon pasteur, et récompensé dans le cœur de Dieu, pour tant de larmes adoucies, pour tant d'espérances rendues, pour tant de consolations données !

N'était-il pas vraiment, comme saint Paul,

« l'imitateur de Jésus-Christ, » ayant toutes ses affections et tous ses goûts, condescendant envers les riches, miséricordieux envers les pécheurs, ami des pauvres, et consolateur des affligés, plus curieux, selon le Sage, « d'aller là où l'on pleure que là où l'on rit?.... »

Il eut encore un autre trait de ressemblance avec le divin Maître : il aimait beaucoup les enfants.

—⁓⁓—

§ 4. AVEC LES ENFANTS.

Il avait du bonheur à leur faire le catéchisme ; il ne négligeait jamais de le préparer, sous prétexte que ce n'étaient que des enfants, et qu'il en savait toujours assez ; il y attachait au contraire une grande importance, bien que ce fût un ministère ordinaire, et il s'efforçait de le rendre intéressant et utile : on peut dire qu'il y excellait.

Un jour (il était encore à la Remuée), M. Olivier, depuis évêque d'Évreux, mais alors curé de Saint-Roch, passe devant son église, et y entre pendant que M. le curé faisait le catéchisme ; invité à interroger les enfants, il les trouva si instruits, qu'il en fut étonné, non moins édifié, et qu'il en parlait encore peu de temps avant sa mort, c'est-à-dire vingt-cinq ans après, à un ami de M. Bobée.

A Yvetot, il passait au moins deux heures, chaque dimanche, au milieu de cette petite famille, partie chez les sœurs d'Ernemont, partie à l'église, où il a fait pendant trente-quatre ans, avec une constance admirable, le catéchisme de persévérance.

C'était surtout l'époque de la première communion qui révélait son cœur ; il était alors tourmenté admirablement pour ses chers petits ; il n'était plus père, il était mère. Le dimanche précédent, il les recommandait en chaire à la piété des fidèles, avec une ardeur, avec une foi qui arrachaient des larmes ; lui-même présidait aux exercices de la retraite, et ses instructions, semées d'histoires terrifiantes ou touchantes, laissaient dans l'âme une impression qui s'associait au souvenir impérissable du plus beau jour de la vie. Il voyait, dans ces enfants, l'avenir ; il voyait leurs âmes, et il y avait autant de respect que d'affection dans de telles sollicitudes.

Il tenait de ses parents une petite terre dont nous avons parlé et qu'il affectionnait, parce qu'elle lui rappelait leur tendresse et leurs fatigues. Sa mère, qui s'effrayait de le voir tout donner, lui avait demandé, avant de mourir, la promesse de ne pas s'en défaire. Il la vendit néanmoins ; ce qui faisait dire agréablement à un homme d'esprit de ses amis et ancien condisciple : « Voilà M. le curé d'Yvetot qui vend son bien, c'est mauvais signe, c'est un homme perdu dans l'estime du monde ; » faisant ainsi allusion au jugement que l'on porte sur ceux que leur incapacité, leur insuccès, ou d'autres raisons moins avouables réduisent à vendre l'héritage de leurs pères. Ce fut son affection pour les enfants qui le dépouilla de ce cher souvenir ; avec le prix, il fit bâtir une maison de Frères, et la donna plus tard, avec quelques dépendances, à l'Institut, sous condition d'y tenir les écoles. Il allait les y visiter souvent et encourageait leurs efforts par des récompenses, dont les meilleures étaient toujours un petit compliment et une bonne parole.

§ 5. AVEC LES SÉMINARISTES.

S'il rencontrait parmi eux des enfants qui eussent des dispositions à l'état ecclésiastique, et dont la conduite et l'application donnassent de bonnes espérances, il n'épargnait plus ni dépenses ni sollicitudes ; il ne voyait plus en eux seulement des chrétiens qui devaient se sauver eux-mêmes, mais des prêtres à venir qui auraient un jour à sauver les

autres, et alors son cœur, sa foi les suivaient,
à mesure qu'ils grandissaient, dans le déve-
loppement de leur piété et de leurs études.
Il était pour eux non plus leur curé, mais
leur ami, leur père ; et, à tous ces titres, il
avait l'œil à leur conduite et à leur caractère, et il en reprenait à l'occasion les dé-
fauts et les saillies ; mais il mettait dans ses
corrections tant de bonté et d'indulgence,
nous dirions presque tant d'égards, qu'on
se retirait toujours content de lui et
mécontent de soi, sans trop savoir si on
n'était pas plus heureux d'avoir été repris
que confus d'avoir mérité de l'être. Il tenait
surtout à la régularité, à l'assiduité à tous
les offices, même aux premières vêpres du
samedi, dont il avait conservé l'ancienne
coutume. Cette dévotion était bien un peu
gênante pour des écoliers en vacances ; mais
comment y manquer sans de sérieux empê-
chements, lorsqu'ils le voyaient toujours le
premier à donner l'exemple? Il les recevait
à sa table tous les dimanches, continuant de
les édifier au presbytère comme à l'église,
et leur enseignant par sa propre vie les ha-

bitudes et principes qui font l'esprit ecclésiastique, la simplicité dans l'ameublement,
la dignité avec les personnes de service, la
charité dans les rapports entre confrères,
l'hospitalité chrétienne.

C'est par ce sentiment de dévouement à
l'Église et d'affection pour les élèves ecclésiastiques qu'il aimait particulièrement la
Maison d'Yvetot, ordinairement appelée « le
Séminaire. » Il avait assisté à ses laborieux
commencements ; il avait apprécié son es -
prit, et jugé dès lors le bien immense
qu'elle était destinée à faire dans le diocèse.
Aussi ne manquait-il aucune occasion de lui
témoigner son estime et son affection. Il ne
se passait pas de fête de famille qu'il n'y eût
sa place ; sa présence était toujours une joie
pour les élèves ; elle était surtout un sujet
de grande édification toutes les fois qu'il
paraissait à la chapelle, et rien, auprès de
ceux qui en ont été témoins, n'effacera jamais l'impression que sa piété reproduisait
chaque année, le jour de la Présentation de
la sainte Vierge, fête patronale, soit qu'on
le vît, le matin, à la tête d'une longue file

de prêtres, parmi lesquels figuraient les vicaires de la paroisse, renouveler entre les mains du prédicateur tenant la sainte hostie, ses promesses cléricales, soit qu'il officiât ensuite à la grand'messe, avec sa dignité accoutumée. Partout où il passait, où il séjournait, il y avait toujours à recueillir et à apprendre. Heureux les disciples qui ont eu un tel maître ! Heureux les prêtres qui ont eu sous les yeux un tel modèle ! Plus heureux encore les collaborateurs qui se sont formés à son école !

§ 6. AVEC SES VICAIRES.

En effet, bien qu'il n'eût pas eu l'avantage d'être vicaire, M. Bobée était un excellent curé, et il était plutôt l'ami que le supérieur de ses vicaires ; ses rapports avec eux étaient tout paternels , tout faciles , tout agréables ; et c'est en ce point fort délicat qu'il a fait preuve surtout d'un goût parfait, d'une rare sagesse, et d'une juste appréciation des hommes et des choses. Il sentait qu'il avait à traiter, à vivre avec des inférieurs sans doute , mais avec des hommes revêtus du même caractère, honorés du même sacerdoce. Il comprenait que « la dignité consiste moins dans les égards que l'on demande pour soi que dans ceux qu'on a pour les autres ; » il était digne avec eux : il voulait avec raison être maître ; mais il exerçait son autorité sans faire sentir le joug ; il aimait qu'on fût à son devoir, mais il était d'autant plus facilement obéi , qu'il faisait lui-même ce qu'il demandait aux autres.... L'affection éloignait toute contrainte , et sa vertu lui donnait un ascendant immense : on est toujours fort lorsqu'on est sans reproches.

Il aimait à les recevoir au sortir du séminaire, neufs encore et flexibles, afin de les former lui-même selon son cœur, et il a eu la consolation d'avoir toujours réussi. Ils restent aujourd'hui son plus bel éloge, et l'on peut dire avec l'Écriture « que si un père est pour ses fils un vêtement de gloire, ses fils sont pour lui sa couronne. »

Il les gagnait donc autant par la reconnaissance que par l'estime. A peine connu, il était aimé. Il y avait plus : son esprit se répandait sur tous et entretenait entre ses quatre vicaires la plus édifiante harmonie ; rien ne faisait meilleur effet sur la population que le spectacle de cette fraternelle union : elle était l'œuvre de chacun ; elle était surtout la sienne.

Il était tellement maître de lui-même, qu'extérieurement il n'accordait jamais plus à l'un qu'à l'autre, au point que l'œil le plus jaloux ou le plus clairvoyant n'eût pu distinguer aucune préférence, aucune différence. Sans doute, cette impartialité prudente ne l'empêchait pas d'avoir intérieurement son opinion sur les talents et les caractères, mais au dehors la balance était tenue si égale, que rien ne paraissait et qu'aucun ne croyait avoir ni plus ni moins qu'un autre sa confiance. Là était la vraie difficulté, et tout le monde accorde qu'il l'a toujours parfaitement résolue.

Mais si M. Bobée était bon curé, il était encore excellent doyen. Tous les prêtres de son canton pouvaient regarder son presbytère comme la maison paternelle, et régulièrement il les recevait un jour chaque semaine à sa table ; il leur communiquait son esprit, leur confiait ses projets, ses vues, les encourageait à exprimer leur libre opinion, pour profiter de leurs lumières, écoutait leurs propres difficultés, que son esprit judicieux et prudent réussissait toujours à résoudre. Car si M. Bobée n'était pas *un homme savant* de la science du monde, il possédait la science des saints ; c'était *un homme éclairé* ; et il était éclairé parce qu'il était humble, Dieu, dont il était plus près, lui communiquant de sa sagesse et de sa lumière.

Son humilité était simple, s'ignorant elle-même, cachée aux autres, mais trahie quelquefois par des réponses échappées à sa sincérité. Pressé, un jour, par un homme de bien de fonder à Yvetot une œuvre qui avait ailleurs des résultats excellents, il finit par

avouer qu'il n'osait en courir les chances.
« Monsieur le curé, dit son interlocuteur, vous
êtes trop timide. — C'est vrai, répondit-il;
cela tient à ce que j'ai toujours occupé des
postes au-dessus de mes moyens. »

Cette conviction, qui avait motivé ses
humbles résistances, lorsqu'il fut nommé curé
d'Yvetot, ne le quitta jamais, et nous tenons
de bonne source qu'étant encore dans la force
de l'âge et au milieu d'un ministère consolant,
il eut souvent la pensée, par défiance de lui-
même, de se démettre de sa cure, pour se
retirer dans une modeste paroisse de campagne.

Quelquefois, lorsqu'il faisait, avec son tact
ordinaire, une paternelle observation à ses
jeunes vicaires sur la conception ou l'ordre
de leurs instructions, il lui arrivait d'ajouter :
« Ah ! si j'avais votre talent, je prêcherais
mieux que vous. »

§ 7. SA PRÉDICATION.

Qu'on ne croie pas cependant, à entendre ces paroles, qu'il ait été un prédicateur vulgaire. La chaire qu'il a honorée élèverait la voix, avec la paroisse entière, pour protester. Sans doute on pouvait mieux réussir que lui dans un genre qui demande des qualités brillantes, dans les grands sermons et discours solennels ; mais un curé est-il toujours obligé d'avoir ce talent ? Il doit avoir du bon sens, un jugement pratique, et s'il désire plaire, il a surtout besoin d'instruire. Il semble que rien n'instruise mieux que les prônes, et M. Bobée a été un prôneur unique, un prédicateur populaire. Quand on avait dit dans les familles : « C'est M. le curé qui prêche, » l'église était trop petite.

Un homme bien posé et excellent juge, l'ayant entendu un soir de carême, dit à quelqu'un en sortant de l'église : « Si nous

avions à Rouen un prédicateur comme celui-
là, il y aurait foule. » Jamais on ne l'entendait
sans émotion et, ce qui est bien meilleur, sans
profit, parce qu'il prêchait comme prêchent
les saints, sans recherche, sans attention à
lui-même, uniquement pour convertir ou
pour instruire. L'homme ne paraissait jamais ;
partout, mais surtout en chaire, il était prêtre,
c'est-à-dire sauveur ; il n'était occupé que
des âmes et ne voyait que Dieu. Sa prédication était simple, solide, soutenue et
toujours intéressante ; son zèle l'animait de
mouvements d'une vraie éloquence, et sa
voix, si sonore jusqu'à la fin, si puissante,
avait alors des accents terrifiants qui attei-
gnaient les dernières fibres et ajoutaient
admirablement à l'autorité de ses paroles.

§ 8. SA PIÉTÉ.

Disons, pour être juste, que ce qui aidait aussi à son éloquence, en préparant l'opinion, c'était le parfum de sainteté qui s'échappait de sa personne et de ses œuvres ; c'était la vertu qu'on lui connaissait ; c'était sa piété si sincère, si édifiante : elle seule était une prédication parfaite et toute convertissante. La piété est utile à tout ; elle sert à ceux qui la possèdent, elle sert à ceux qui la contemplent. Rien n'inspirait autant que de le voir prier, réciter son bréviaire, assister aux offices.

Son amour pour les cérémonies religieuses, déjà si remarqué à la Remuée, s'était accru dans la mesure des ressources dont il disposait, et certaines fêtes de l'année lui donnaient occasion de satisfaire sa foi et son goût ; c'étaient pour lui ses meilleures journées, et la joie qu'il y trouvait dissimulait la fatigue qu'elles lui avaient apportée.

« Quel bel office ! disait-il tout rayonnant de bonheur, le soir, dans la sacristie. Comme c'était touchant ! Comme tout le monde chantait de bon cœur ! Ce n'était qu'une voix et qu'une âme. »

Qui pourrait oublier, dans Yvetot, ces splendides processions de la Fête-Dieu, si bien organisées, et déployées avec tant d'ordre et de décence, sur un long parcours, entre deux colonnes mouvantes de fidèles recueillis et chantants ? C'était un concours de tous les dévouements, de toutes les industries, de toutes les classes ; chacun y avait sa part comme dans les fêtes de famille ; chaque quartier avait son reposoir où tout le monde avait travaillé, et qui témoignait de la foi et du pieux entrain que le zélé pasteur avait su entretenir par ses encouragements et par ses exemples. La fête se continuait toute la semaine, sans diminuer d'intérêt, et les Saluts de l'Octave attiraient une foule considérable et toujours édifiée : on ne se lassait pas au milieu de ce concours de chants, de fleurs, d'enfants et de lumières réunis pour charmer les yeux et entretenir le feu sacré dans les âmes : on n'était plus sur la terre.

Mais ce qui faisait le plus d'impression sur la multitude, c'était encore la vue de celui qui était l'âme de toutes ces fêtes : rien n'élevait à Dieu comme de le voir à ces processions portant le saint Sacrement avec une piété, un respect qui étaient un acte de foi magnifique en la présence réelle ; toute son âme était dans sa figure.

Aux retraites ecclésiastiques, quel recueillement ! quelle gravité ! C'était la Piété personnifiée, apparaissant au milieu du silence et se mêlant aux rangs pour l'édification commune.

A l'autel, sa physionomie, son maintien n'avaient plus rien de la terre ; ses pieds semblaient ne plus toucher le sol ; tout ce qui l'entourait n'était plus rien ; il n'y avait que Dieu et lui, il était dans les régions célestes ; en le suivant, on y était, sans y prendre garde, insensiblement transporté avec lui ; on eût dit qu'il voyait Notre-Seigneur de ses yeux mêmes ; c'était la gravité, la suavité

des Vincent de Paul et des François de Sales ;
c'était, jusqu'aux derniers temps, la sainte
joie du nouveau prêtre, disant sa première
messe : même respect des rubriques, même
dévotion intérieure, même dignité extérieure ;
l'habitude ne lui avait rien fait perdre, et les
années, en couronnant son front et blan-
chissant sa tête sans l'incliner, n'avaient fait
que lui donner une prestance plus belle et encore plus inspirante; on se sentait porté à solli-
citer ses prières, et la confiance en leur effica-
cité et en sa sainteté était si grande, que, depuis sa mort, des personnes d'une piété sérieuse ont attribué à son intercession une
guérison remarquable et inespérée du côté
des hommes.

§ 9. SON PORTRAIT, SA VIE INTIME.

Il ne faut pas prendre à la lettre les affir-
mations des physiologistes et attribuer à

leurs théories l'autorité des sciences exactes ; néanmoins, sans prendre leurs inductions dans un sens absolu et leur donner plus de valeur qu'elles n'en méritent, il est permis de ne pas repousser toutes leurs prétentions et d'admettre, par exemple, que les yeux sont le miroir de l'âme, et que la figure, plus encore que le style, c'est l'homme. Cela s'explique ; les divers mouvements de l'âme, comme la méchanceté, la douceur, la colère, étant reflétés sur le visage à mesure qu'ils naissent, doivent finir à la longue, en se reproduisant souvent, par y laisser des traces et fixer leurs passagères impressions.

Ce fut vrai au moins pour M. Bobée : il était peint tout entier dans sa physionomie ; il y avait son cœur, il y avait son âme, et le dehors donnait facilement à deviner ce qui n'était pas aperçu, son caractère et sa bonne nature. La piété en illuminant son regard, la bonté en épanouissant ses traits, avaient donné à son air une expression singulière de bienveillance, qui frappait à première vue et rendait son abord très-facile. La

meilleure preuve , c'est que les enfants ,
« sur les lèvres desquels est la plus parfaite
louange, » l'approchaient sans crainte et se
trouvaient à leur aise, malgré la gravité
imposante de sa personne et la timidité na-
turelle à leur âge. Suivant le mot d'un Père
de l'Église, « il était gracieusement orné de
l'Esprit-Saint ; » quand il abordait quelqu'un, c'était toujours avec un bon sourire
sur les lèvres. Son cœur , tranquille comme
une nappe d'eau pure, lui faisait, la foi
aidant, une humeur si égale', que ni ses
amis ni les personnes à son service n'ont
jamais aperçu la moindre variation, la plus
petite différence. Il y a des personnes qui ne
veulent pas se plaindre , mais qui ne sont
pas fâchées qu'on connaisse leurs souffrances
ou leurs peines et qui les donnent à lire à
tout le monde sur leur visage assombri ;
M. Bobée n'a rien laissé voir des siennes, et
son air toujours souriant n'a jamais trahi
aucune de ses tristesses ni de ses souffrances.

Son maintien était digne , sa démarche
était grave comme il convient à un ecclé-

siastique, sans rien de précipité ni de lent; il causait généralement peu, mais sans affectation, préférant par disposition d'esprit ou par vertu faire parler les autres et les écouter; il riait de bon cœur quand il y avait lieu, et sa présence, loin d'être un joug et d'imposer un sérieux gênant et austère, encourageait à une franchise chrétienne et à une gaîté de bon goût. Il ne jouait jamais : où en aurait-il trouvé le temps ? Ses visites aux malades, à quelques paroissiens ou aux pauvres, étaient toute sa récréation et son délassement ordinaire. Sédentaire par principe, il ne faisait que de courtes sorties, mais jamais de voyages, et ne prenait, à proprement parler, aucunes vacances. Comme une tendre et craintive mère attachée à ses enfants et à sa demeure, il ne se fût jamais décidé à s'éloigner longtemps de son presbytère et à perdre son troupeau de vue. Ses amis avaient beau le tourmenter, dans l'intérêt de sa santé, pour qu'il s'arrachât à ses habitudes et prît un repos nécessaire, ils ne purent jamais l'y résoudre. Une fois pourtant il se laissa entraîner au bord de la mer et se

permit jusqu'à quinze jours de vacances ;
mais il voulut être tenu au courant des
affaires de sa paroisse et recevoir chaque
jour une lettre ; au bout de la première semaine, sa saison de bains était faite, et il
revenait à ses chères ouailles.

Chez lui tout était en ordre, tout était
simple comme sa vie ; son ameublement,
commun ; sa table, on ne peut plus frugale,
à moins qu'il n'y reçût des confrères : par
égard alors pour ses hôtes, elle était toujours
bien servie. Il se levait de grand matin,
allait à son confessionnal de bonne heure,
passait presque toute la matinée à l'église,
et toute la soirée ; le milieu du jour était
pris par ses malades et ses bonnes œuvres ;
il ne lui restait plus que la nuit pour tra-
vailler et il prolongeait souvent ses veilles
jusqu'à une heure très-avancée.

M. Bobée était de taille moyenne, d'une
complexion robuste, de formes amples ; ses
traits étaient réguliers, sa figure était pleine
et expressive, son œil vif et doux, son front
haut et largement dessiné ; il portait noble-
ment sa tête ; il y avait dans l'ensemble de sa

personne de la dignité et de la grandeur ; en
voyage , un étranger l'eût pris facilement
pour un évêque.

§ 10. SES DERNIÈRES ANNÉES.

Tant d'œuvres et de vertus, rayonnant au
loin, lui avaient fait une réputation dont il
était le seul à ignorer l'étendue et l'influence ;
non-seulement à Yvetot, mais dans le canton ,
mais dans le diocèse, son nom était en ex-
trême vénération , et signifiait la sainteté, la
discrétion, la charité, la bonté, la prudence
sacerdotales. La voix de ses bonnes œuvres
et de ses mérites avait retenti jusqu'aux pieds
du trône et sollicité, à son insu, une récompense publique ; en le décorant au
15 août 1858, l'Empereur se rencontrait
avec l'opinion générale et répondait à l'at-

tente de tous les appréciateurs du vrai mérite.

Il avait été nommé chanoine par Mgr le Prince de Croy, en 1835.

Mais les vertus du saint prêtre, du serviteur bon et fidèle, appelaient une récompense supérieure à toutes les gloires humaines, et déjà le ciel le redemandait à la terre. « Cet homme ayant accompli tout ce que Dieu lui avait demandé, Dieu lui dit : « Entre « dans mon repos, parce que je t'ai vu juste « au milieu de tous les peuples. »

Depuis quelques années, les indispositions étaient devenues plus fréquentes ; une fois même, en mars 1863, elles prirent un caractère inquiétant, qui faisait présager un dénoûment prochain et funeste ; lui-même, relevé de cette maladie, et remerciant ses paroissiens de leurs prières, avoua que « c'était un avertissement du ciel dont il voulait profiter. » Et en effet, il ne se laissa pas surprendre, et sa mort, bien que subite, ne fut pas imprévue.

Il s'y préparait chaque jour, « mourant si souvent à lui-même, que cela lui tenait lieu du dernier sacrifice. » On s'apercevait bien, à travers son silence, et malgré la simplicité de sa vie, qu'il sentait en approcher le terme.

Sa bonne et fidèle domestique, qui le servait depuis trente ans, l'avait devancé dans la mort d'un mois seulement. « Monsieur le curé, lui disait-elle avant de mourir, dans le dévouement de son cœur, ce qui me coûte de m'en aller, c'est de mourir avant vous et de vous laisser seul. — Soyez tranquille, ma bonne fille, répondit-il, je ne vous suivrai pas de loin. »

Quinze jours avant celui qui devait être le dernier, il demandait à une jeune fille si elle pensait à la mort. Elle répondit que la pensée lui en venait bien quelquefois, mais qu'elle l'éloignait aussitôt, parce qu'elle lui faisait peur. « Vous avez tort, mon enfant, lui répliqua-t-il, cette pensée est sancti-fiante. »

Il disait encore que la plus belle mort, quand on y est préparé, c'est une mort subite. Il l'a eue ; et c'est une grâce spéciale que Dieu lui a faite. Il appréhendait la mort ; elle lui causait une frayeur dont sa foi ne pouvait le défendre, puisque c'était sa foi même qui en était le principe ; c'est-à-dire que ce n'était pas une frayeur païenne, parce qu'elle arrache au bonheur naturel de vivre ; non, son cœur n'avait aucunes attaches ; c'était une frayeur spirituelle, à la manière des saints, à cause de ses péchés et des jugements de Dieu, dont il craignait, par humilité, la rigueur. Dans ces sentiments, il lui semblait que rien n'était plus affreux que de subir les délais d'une dernière maladie, que d'être mis longtemps d'avance en face des mystères terribles qui la suivent, et d'assister vivant à son propre jugement.

Cette souffrance lui a été épargnée.

§ I I. SA MORT, SES FUNÉRAILLES.

On peut bien dire qu'il est mort en bon soldat, les armes à la main, sur la brèche.

C'était le mardi 6 mars ; jamais il ne s'était senti si bien portant, si alerte, jamais il n'avait tant travaillé, tant marché en une journée ; le matin, il était allé visiter à la campagne un confrère mourant ; à son retour, il avait dépensé une heure au moins de son meilleur temps, pour concilier entre deux parties complétement en désaccord une affaire difficile ; de là, il était allé voir cinq ou six malades, entre autres un vieux médecin dont il avait conquis le cœur par trente-quatre années de bons procédés, mais dont il voulait gagner l'âme. Après une conversation d'un quart d'heure, il s'était retiré, mais déjà marqué au front d'un signe funeste ; car l'honorable et expérimenté praticien dit à sa garde-malade : « M. le curé vient me voir, mais il est plus mal que moi, il a la mort dans la figure. »

Le soir, vers six heures, il était à la sacristie ; ne se trouvant pas très-bien, il rentre au presbytère, et dix minutes après, sa domestique le trouve.... étendu par terre dans son jardin, le visage dans la boue.... Le docteur avait dit vrai ; il venait d'être frappé d'apoplexie. Relevé aussitôt par les personnes accourues aux cris de la pauvre fille, il prononça encore distinctement quelques paroles qui prouvent bien les dispositions habituelles de son cœur et l'état de son âme ; car une de ces personnes s'étant écriée, dans un premier mouvement de foi et de sollicitude chrétienne : « Monsieur le curé, vous êtes mal, recommandez-vous à Dieu. — J'y pense, ma fille. »

Ce furent ses dernières paroles sur la terre : une fois dans sa chambre, il perdit entièrement l'usage de ses sens. En vain le médecin fit appliquer des remèdes ; en vain un ami de quarante ans, venu en hâte, essaya, penché sur lui, et à peine maître de son émotion, de réveiller le sentiment et d'obtenir une parole par les appels les plus tendres. « Mon cher Bobée..., c'est ton ami « qui te parle.... Réponds-moi..., si tu « m'entends, serre-moi la main.... » Jusqu'à la fin, sa bouche fut muette, et sa main resta immobile.

Cependant une foule compacte remplissait l'église, et attendait : c'était en carême, et un jour d'instruction ; on avait vu **M**. le curé, une demi-heure auparavant, aller et venir comme à l'ordinaire, et rien n'avait préparé à l'affreuse nouvelle....

Un pilier de l'église fût tombé au milieu de l'assemblée recueillie, que l'émotion n'eût pas été plus vive que le cri qui s'échappa comme le cri d'un seul homme de toutes les bouches, lorsque le prédicateur, pâle, ému lui-même, jeta à travers un silence solennel, au lieu d'un texte de sermon, cette parole foudroyante : « Mes frères, nous recommandons à vos meilleures prières **M**. le curé, qu'on va administrer tout à l'heure. »

Au cri de surprise échappé de toutes les poitrines succèdent des pleurs, des plaintes, et un tumulte de conversations entrecoupées. Le pasteur étant frappé, les brebis se dispersèrent : le temple saint fut bientôt vide, si on ne compte pas quelques femmes fortes qui continuèrent de verser, aux pieds de Notre-Seigneur, dans le silence, « des larmes avec des prières. »

A dix heures, le mardi 6 mars 1866, sans qu'il eût retrouvé ni la connaissance ni la parole, François-Augustin Bobée, âgé de soixante-dix ans, s'endormait dans le Seigneur, et « les saints anges, venus à sa rencontre, l'introduisaient avec ses œuvres dans la cité vivante, la céleste Jérusalem. »

La nouvelle se répandit, dès le lendemain matin, avec les premiers rayons du jour et causa une vraie stupeur; c'était un deuil public; chaque famille se trouvait frappée comme si chacun avait perdu son père.

Pendant deux jours entiers le corps du vénéré défunt fut exposé dans une chapelle ardente; pendant deux jours un prêtre fut entretenu à faire toucher des chapelets et des médailles; et pendant deux jours une foule immense, estimée à plus de 15,000 personnes, se succéda ou plutôt se continua, baisant ses mains et contemplant une dernière fois ce visage si bon, si doux, et « encore beau dans la mort. » C'était comme si chacun eût voulu l'imprimer en soi, dans sa mémoire, avant qu'il eût subi les outrages du tombeau.

Heureusement, M. Bobée avait eu la générosité, quelque temps seulement auparavant, de sacrifier ses répugnances pour plaire à ses amis, et de faire faire sa photographie. Depuis sa mort, elle a dû être tirée à des milliers d'exemplaires pour satisfaire tout le monde ; elle est maintenant dans toutes les maisons, à la place d'honneur, chez le riche et chez le pauvre ; pour l'avoir, les enfants se sont privés des amusements de leur âge, et nous savons des ouvriers qui ont pris sur leur nécessaire et se sont privés de déjeuner, pour avoir le portrait de celui qui fut le père et l'ami des pauvres.

Son testament donna, dans une clause qui mérite d'être mentionnée, une preuve nouvelle de la délicatesse de ses prévoyances.

« Je déclare que tous ceux qui seront, à
« ma mort, mes débiteurs, pour prêt d'ar-
« gent, seront complétement libérés envers
« ma succession ; à cet effet, je leur fais
« remise et même legs de leur dette. »

Il léguait sa bibliothèque à ses vicaires, 1,000 fr. et son calice à l'hospice, ses ornements à l'église, les dépendances du presby-tère à la fabrique, etc. . . . .

. . . .

O vénéré père ! que n'avez-vous pu aussi léguer votre piété pour ajouter à la nôtre ! et pourquoi faut-il que les saints emportent, avec leurs œuvres, leurs vertus, sans nous en rien laisser que les salutaires et doux souvenirs !

Le vendredi 9 mars, eurent lieu les funé- railles, au milieu d'un concours considérable d'habitants, de plus de cent prêtres, et de tous les élèves de l'Institution et des écoles.

On avait été obligé de prendre des pré- cautions contre l'envahissement de la foule, et de prescrire des mesures sévères : on crai- gnait pour l'ordre. Mais, grâce à Dieu, chacun s'inspirant de l'esprit du vénérable défunt, la cérémonie se passa avec une décence et une entente parfaites, et à midi son corps entrait, en attendant le jugement de Dieu, dans sa dernière demeure.

L'endroit où il repose sera bientôt marqué par un monument dû à la piété privée. Une personne, qui désire rester inconnue, a versé dans les mains d'un tiers une somme de 2,000 fr. pour l'érection d'une pierre funé- raire. Nous ignorons quelle en sera l'inscription ; mais il y a dans le saint Évangile deux mots, appliqués au Sauveur des hommes, qui résumeraient bien dans leur brièveté la vie du prêtre dont nous n'avons pu donner qu'une simple idée ; nous les déposons sur sa tombe, avec ce faible hommage de notre filiale et respectueuse reconnaissance, pour dernier éloge :

TRANSIIT BENEFACIENDO.

———

TABLE.

Rouen. Imp. MÉGARD et Cie, rue Saint-Hilaire, 136.